AF497917

LIVRE DE LECTURE

Phonético-Orthographique

PAR

Louis TESSON

Professeur de Français
au New-England College of Languages, à Boston (Etats-Unis).

※ ※ ※

DEUXIÈME PARTIE

※ ※ ※

Prix : 1 franc

※ ※ ※

<table>
<tr><td>PARIS
Ch. AMAT, Éditeur
11, rue Cassette, 11</td><td>LA ROCHELLE
Noël TEXIER, Imprimeur
Rue des S^{tes}-Claires, 29-31</td></tr>
</table>

1910

Tous droits réservés.

PRIMES EXCEPTIONNELLES

Nos méthodes sont si nouvelles, si originales qu'on peut ne pas les comprendre très facilement au premier abord. Il est donc dans notre intérêt de donner à nos lecteurs et à nos clients toutes les explications qu'ils désirent. C'est pourquoi nous offrons de corriger tous les exercices donnés par nos livres d'école et tous ceux qu'on fera en les basant sur nos méthodes, qu'ils soient écrits en phonétique ou en orthographe usuelle.

C'est un vrai cours de français par correspondance que nous offrons ainsi, à titre gratuit, à quiconque se sert d'un de nos livres. On peut nous envoyer à corriger autant d'exercices qu'on voudra, ou nous faire toutes sortes de questions sur la grammaire et sur la prononciation. Ce privilège est pour six mois. La seule obligation qu'il comporte est l'envoi d'une enveloppe timbrée et adressée, avec toute correspondance, pour la réponse et le renvoi des exercices après corrections. En dehors des Etats-Unis, le meilleur moyen est d'envoyer d'avance un mandat-poste pour couvrir les frais de cette correspondance.

S'adresser à *The French American Publishing Company*, 116, Chestnut Avenue, Jamaica Plain, Boston, Mass., Etats-Unis.

L'explication des autres primes se trouve dans le *Français Fonétique*.

Pour paraître prochainement :

Grammaire Phonétique raisonnée de la langue française.

Etude de l'Orthographe basée sur la phonétique.

Ortografe et Fonétisme, par A. Mérikin.

Voix de l'Etranger, par P. d'Agog. Première partie : **0 fr. 20.**

La Grammaire vue de l'Etranger, par Louis Tesson. Première partie : **0 fr. 20.**

LIVRE

DE

LECTURE PHONÉTICO-ORTHOGRAPHIQUE

PREMIÈRE PARTIE

Ces quelques pages de lectures choisies font partie de notre méthode *Le Français Fonétique*. Elles marquent la dernière étape d'un assez long voyage. En effet, partant de la phonétique pure, comme on peut le voir dans les numéros 1 et 2 de la revue du même nom, notre méthode prend l'une après l'autre toutes les graphies usuelles, les explique et les adopte. Dans cette évolution constante vers l'orthographe, elle arrive bientôt à un degré de développement où elle ne diffère guère de cette dernière que sur deux points : elle conserve un système régulier d'accentuation phonétique et elle marque d'une manière bien distincte toutes les lettres qui ne se prononcent pas.

Ce dernier point est une question de typographie qu'il ne tient qu'aux éditeurs et aux imprimeurs de régler eux-mêmes. Quant au premier, nous pouvons faire remarquer en passant combien l'Académie Française faciliterait à tous, aux étrangers surtout, la lecture de notre langue, par une

8 X
13818

concession qui semble bien raisonnable : un système régulier d'accentuation phonétique. Mais nous ne nous attarderons pas à des réclamations stériles. D'ailleurs, elles ne sont pas dans le programme de cette méthode, qui est de conduire l'élève à l'orthographe, quelle qu'elle soit.

Il s'agit donc d'éliminer de notre écriture phonético-orthographique (voir n° 3 du *Français Fonétique*) tous les accents que l'orthographe ne reconnaît pas. C'est ce que nous faisons, et dès que nous arrivons à l'orthographe complète, notre tâche est achevée. Nous avons enseigné la prononciation et l'orthographe par la phonétique.

Il n'y a pas de doute que c'est là un procédé naturel et rationnel, car la parole précède l'écriture, comme le son précède le signe qui le représente. Cependant, il est nécessaire de savoir parler le français pour lire des textes orthographiques, et un étranger ne peut acquérir cette connaissance que par une longue pratique. Quelques mois de lecture phonétique ne sont pas suffisants.

Pour remédier à ce défaut, il s'agit de résoudre un autre problème : trouver une écriture qui, tout en restant orthographique, indique clairement la prononciation. C'est notre nouvelle écriture phonético-orthographique, formée de signes orthographiques dont la notation fonétique se fait par la diversité des faces des caractères d'imprimerie et dont les accents qui sont purement phonétiques se distinguent aisément de ceux qui appartiennent à l'orthographe.

Une telle publication répond à un besoin réel dans les écoles de l'étranger, si on y a quelque souci de la prononciation. Là, en effet, les textes orthographiques ne s'adressent qu'aux yeux et ne donnent qu'une langue morte. Nos textes phonético-orthographiques, au contraire, parlent aux oreilles et font entendre une langue résonnante et bien vivante au professeur étranger et à ses élèves.

L'utilité de cette écriture va encore plus loin. Elle permet aux musiciens de chanter correctement du français, même s'ils n'ont pas le temps d'apprendre la langue. Il leur suffit d'étudier l'alphabet phonético-orthographique et les sons du français. Quant à la notation d'un texte ortographique quelconque, nous la faisons facilement au moyen de signes très simples, par des traits employés pour marquer sur les manuscrits les italiques, les petites capitales, les capitales et les lettres noires qui, avec les accents ordinaires, composent tout notre système de notation conventionnelle.

ALPHABET PHONÉTICO-ORTHOGRAPHIQUE

SIGNES

PHONÉTIQUES		PRONONCIATION	ORTHOGRAPHIQUES		PHONÉTICO-ORTHOGRAPHIQUES			
N°		*Italiques*	*Lettres romaines*		*Petites Capitales*		*Lettres noires*	
1	a	plat	a	A				
			à	À				
			â	Â	ʌ			
			ă	e				e(m,n)
2	â	bas	ă	Â				
			a	A			â	Ã
3	é	café	é	É				
			e	E			é	É
			ai	Ai	ᴀɪ	ᴀɪ		
			aî	Aî	ᴀɪ	ᴀî		

PHONÉTIQUES		PRONONCIATION	ORTHOGRAPHIQUES		PHONÉTICO-ORTHOGRAPHIQUES			
4	è	succès	ay	Ay	ᴀy	ᴧy		
			æ	Æ				
			œ	Œ				
			è	ë				
			ĕ	Ḕ				
			e	E			è	Ê
			ai	Ai			ai	Ai
			aî	Aî			aî	Aî
			ay	Ay			ay	Ay
			ei	ei			ei	éì
			ey				ey	
			æ	Æ				
			œ	Œ				
5	i	ami	i	I				
			î	ï	ì			
			y	Y	ʏ			Y
6	o	bol	o	O				
			ò	Ô	ó			
			au	Au	ᴀᴜ	ᴧᴜ		

PHONÉTIQUES		PRONONCIATION	ORTHOGRAPHIQUES		PHONÉTICO-ORTHOGRAPHIQUES			
Nᵒˢ		Italiques	Lettres romaines		Petites Capitales		Lettres noires	
7	ó	Pô	ô	Ô				
			o	O			ò	Ò
			au	Au			au	Au
8	u	reçu	u ù	ú				
			ü	U				
9	é	seul	e eu	Eu	ᴇᴜ	Eu		
			œu	Œu	œᴜ	Œu		
10	ö	deux	eu	Eu			eu	Eu
			œu	Œu			œu	Œu
11	ô	fou	ou	Ou	ou	Ou		
			où	Où	ou	Où		
			oû		'oû			
NASALES								
12	ã	plan	an	An	ãn	An	ã(n)	À(n)
			en	En	ēn	En	è(n)	Ê(n)
			am	Am	ãm	Am	ã(m)	A(m)
			em	Em	ãm	Em	ē(m)	E(m)
13	ĩ	fin	in	In	ĩn	In	ĩ(n)	I(n)
			im	Im	ĩm	Im	ĩ(m)	I(m)
			en				èn	è(n)
			yn	Ym	yn	ym		
14	õ	bon	on	On	õn	On	õ(n)	O(n)
			om	Om	õm	Om	o(m)	O(m)
15	u	un	un	Un	ũn	Un	ũ(n)	U(n)
			um	Um	ũm	Um	ũ(m)	U(m)
CONSONNES								
16	b	beau	b	B				
17	d	dé	d					
18	f	feu	f	ph			ph	Ph
19	g	gâteau	g					
20	j	jeu	j	g			g	G
21	k	kiosque	k c	q				
			ch	x	ᴄʜ	Cʜ x		
22	l	l'aile	l					

BIBLIOTHÈQUE NATIONALE — R.F. — IMPRIMÉS

PHONÉTIQUES		PRONONCIATION	ORTHOGRAPHIQUES	PHONÉTICO-ORTHOGRAPHIQUES	
Nᵒˢ		Italiques	Lettres romaines	Petites Capitales	Lettres noires
23	m	maman	m		
24	n	nez	n		
25	p	papa	p		
26	r	verre	r		
27	s	santé	s　ç		
			c　C		c　C
			t　x		t　x
28	t	total	t		
29	v	valeur	v		
			w　W		w　W
30		whist	w		
31		yole	y　l		l
32		zone	z		
			s　x		s　x
33		château	ch　Ch		ch　Ch

Nᵒˢ		Italiques	Lettres romaines	Petites Capitales	Lettres noires
34		digne	gn		gn
DIPHTONGUES ET TRIPHTONGUES					
35	ù (a, i, o)	huile	ua　ui　uo		
36	wa	moi	oi　Oi	oı　Oı	
			oy　oe	oy　OE	
37	wâ	cloître	oi　oi		oi　oî
			oy　oê		oy　oê
38	wï	soin	oin	oïn	
39	éy	payer	ay	AY	
40	èy	payable	ay		ay
41	woy	voyager	oy	oy	
CONSONNE DOUBLE					
42	ks	extrème	x		
43	gz	examen	x	x	
44	éi	pays	ay	AY	

VALEUR PHONÉTIQUE DES CARACTÈRES

ITALIQUES. — Lettres qui ne se prononcent pas. Ex. : Le temps èst beau.

Petites capitales. — 1° Une seule voyelle accentuée marque un accent purement orthographique, nul pour la prononciation. Ex.: Nous y allâmes ; 2° Deux voyelles indiquent le digramme formé par deux lettres. Ex.: Où allez-vous ? Elles indiquent aussi le son clair d'un digramme qui, en orthographe, représente le son clair et le son grave. Ex.: Moi j'ai une bonne voix ; 3° Une voyelle sans accent marque une valeur spéciale. Ex.: J'y vais.

Lettres noires. — 1° Une seule voyelle accentuée marque un accent fonétique, ou de prononciation, que l'orthographe ne donne pas. Ex.: C'èst le premiér hivèr que je passe ici ; 2° Une seule voyelle non accentuée indique une valeur spéciale. Ex.: Cette femme est habillée négligemment ; 3° Deux voyelles représentent un digramme à son grave, correspondant au même digramme à son clair, marqué en petites capitales. Ex.: Je suis très heureux ; 4° Une ou plusieurs consonnes indiquent une valeur spéciale. Ex.: Les deux enfants ont un magnifique phonographe.

Remarque. — Dans les diphtongues et triphtongues composées de A, E, O et Y, au son clair ou grave, représentées par des petites capitales ou des lettres noires, l'Y se marque par « y » ou « y », selon que cette lettre se prononce ou ne se prononce pas. Le son ay (éi) se représente par ay. Ex.: C'est un bon pays.

Les parenthèses ( ) marquent une ou plusieurs lettres qui suivent la lettre précédente pour la prononciation spéciale donnée à cette lettre. Ex.: e(n) se prononce « a » dans certains mots comme « femme ».

Les crochets [ ] servent à marquer la prononciation irrégulière d'italiques qui précèdent. Ex.: Mon[me]sieur est sorti.

Le signe — est le seul signe phonétique qui ait été conservé. Il marque une voyelle nasale, qui est toujours suivie d'une « n » ou d'une n muette.

Les faces diverses de ces caractères se représentent en écriture, par les mêmes signes fort simples, que l'on emploie pour les manuscrits. On souligne d'un trait les italiques, de deux les petites capitales, de trois les capitales et de traits plus gros les lettres noires. C'est ainsi qu'on peut donner la prononciation de n'importe quels textes orthographiques. Pour les accents, on peut rayer tous ceux qui ne sont qu'orthographiques et marquer tous ceux que la prononciation réclame et que l'orthographe ne donne pas.

IMPOSSIBLE N'ÈST PÀS FRĀNÇAIS

Napoléon Ier [premiér] donne ūn jour à ūn jeune lieutenānt ūn ordre difficile à éxécutér. L'officiér *hésite* é*t* murmure : — Sire, l'éxécution de **cèt** ordre **èst** ompossible. — Impossible! crie Napoléon furieu*x*, *impossible*! **ce** *mot* n'**èst** pâs frānçais.

COMMĒNT ŌN DEVIĒN*T* MARÉCHAL DE FRĀNCE

Le maréchal Lefè*b*vre av**ait** ūn camarade de régimēn*t* qui vīn*t* le voir ūn jour é*t* qui admira, nōn sā*ns* ūn sēntimēnt d'ēnvie, son bèl *hôtèl*, sés bèl*les* voitures, sa nōmbr**eus**e livrée, tou*t* le train ēnfin d'ūn grānd di**gn**itaire de l'ēmpire. — Parbl**eu**, lui dit-il, il faut avou*ér* que tu **ès** biēn hEUr**eux** é*t* que le **ciÈl** t'a biēn *traité*! — **Veux-tu**, lui répondi*t* le maréchal, avoir tou*t* cela ? — Oui, **cèrtai**nemēn*t*. — La **chôse èst** très simple : tu v**às** désc*e*ndre dāns la cour de mon *hôtèl* ; je mÈt*tr*ai à **chaque** fenêtre deu*x* soldats qui tirerōn*t* sur toi. Si tu é**chapp**es **aux** *balles*, je te donner*AI* tou*t* ce que tu m'ēnvies. **C'èst** comme cela que je l'*AI* obtenu. — Saint-Marc Girardin.

CŌMPLÈT

Lés omnibus é*t* lés tramwAys à Paris n'admÈt*te*nt qu'ūn nōmbre fixe de voyagEURs. Quānd la limite **èst** a*t*tEīnte, le cōnductEUR fAit apparaître un écrit**eau** portān*t* le mo*t* CŌMPLÈT. Ce mo*t* **veut** dire que l'on n'admÈt*tr*a pÈrsonne. Ūn voya**geur** américaīn qui ne cōnnaissai*t* pâs cètte coutume dit ūn jour à ūn de **sés** amis, **au** commēncement

de sōn séjour à Paris : « Que v**eu**t dōnc dire ce mot CŌM-
PLÈT que je vois si souvēnt sur lés omnibus ? — Commēnt ?
dit l'a**u**tre, qui vit une occàsion de s'amusér **aux** dépēns
de sōn ami, commēnt ! vous ne l'avéz pâs ēncore visité ?
— Visité quoi ? — M**ai**s CŌMPLÈT. **C**'èst ūn ēndroit **char**-
māmt ; il vous f**au**t voir cela, mōn **ch**èr. » L'Américaīn
suivit pēndānt quèlques jours **cha**que omnibus qui portait
ce mot, **mai**s le cōnductEur ne l'admèttait poīnt. Ēnfīn il
fallut quittér Paris, ét il n'a jamais vu CŌMPLÈT.

LE TÂILLEU**R** ĒN VOYAGE

Ūn tâillEur voyag**e**ait ūn jour, par ūn *hivèr* froid ét
rigoureux. Il avait froid **aux** piéds, car sés souliérs
étaient vieux ét biēn usés. Vèrs le soir, il pâssa près d'une
potēnce ét il vit qu'il y avait là ūn *homme* pēndu avèc une
bèlle paire de souliérs.

— **Cès** souliérs-là serai**e**nt justemēnt ce que je **veux**,
pēnsa-t-il ; je **vai**s lés lui ótér. Il tire de sa valise sa plus
grānde **paire** de **cis**eaux, coupe lés souliérs avèc lés piéds
du pēndu, lés ēnroule dāns sōn mou**ch**oir ét part. Quānd[t]
il arriva **au** procha**ī**n village, il s'arrēta à l'**aub**èrge ét
demānda s'il pouvait y pâssér la nuit.

— Oui, répōnd l'**aub**èrgiste, **mai**s nous n'avōns plus de
lit pour vous ; il y a sEulemēnt la bānquètte près du poêle.
Ét il fourre ēncore ūn fagot dāns le poêle pour qu'il rèste
plus lōngtēmps **chau**d.

Quānd tout le mōnde fut **au** lit, le tâillEur tire de sōn
mou**ch**oir la paire de piéds avèc lés souliérs, ét lés place
sous le poêle pour lés faire dégelér. Quānd [t] ils sōnt
dégelés, il mèt lés souliérs, ét avānt le matīn, il fourre lés
deux piéds sous le poêle, s**au**te par la fenêtre de**h**ors ét
cōntinue sōn voyage.

Ét maīntenānt le **chat**, qui était dāns la **ch**āmbre, s'ōm-
pare de **ces** piéds ét lés tra**ī**ne ét se démène avèc **eux**
comme ūn ēnragé. Là-dessus la sèrvānte viēnt, le voit ét
appèlle sōn maître. — Venéz dōnc vite, le **chat** a māngé
le tâillEur. Il ne rèste que lés **deux** piéds qu'il tra**ī**ne
maīntenānt **aut**our de la **ch**āmbre.

— **Chut** ! dit le **maître**, pàs ün mot de cela ; pèrsonne ne doit le savoir.

Puis, le **maître** prend le pic ét la pèlle, ét entèrre lés **deux** piéds dāns le jardin.

Quèlques jours après, arriva ün **autre** voyagEur qui demānda à pàssér la nuit.

— Quèl èst votre métiér? demānde l'**aubèrgiste.**

— Je suis tâillEur, dit l'homme.

— Que Dieu me garde d'un tâillEur! s'écrie l'aubèrgiste. Mön **chat** en a māngé un, il y a quèlques jours. Alléz-vous en. — P. Sébillot.

LE CORBEAU ET LE RENARD

(Trānscription d'après cèlle du *Maître Phonétique*).

Maître corbeau, sur ün arbre pèrché,
    Tenait ën son bèc ün fromage.
Maître renard, par l'ôdEur allé[è]ché,
    Lui tīnt à peu près ce lāngage :
« Hé ! bönjour, mon[me]siEur du corbeau,
Que vous ètes joli ! Que vous me sembléz beau !
    Sāns möntir, si votre ramage
    Se rapporte à votre plumage,
Vous ètes le **phénix** dés hôtes de **cés bois.** »
A **cés** mots, le corbeau ne se sent pàs de **joie** ;
    Ét, pour möntrér sa bèlle voix,
Il ouvre ün large bèc, laisse tombér sa proie.
Le renard s'en **saisit**, ét dit : « Mon bon mon[me]siEur,
    ApprenèZ que tout flattEur
Vit **aux** dépens de celui qui l'écoute ;
Cètte leçön **vaut** bién ün fromage, sāns doute. »
    Le corbeau, hönteux ét confus,
Jura, **mais** ün **peu** tard, qu'on ne l'y prendrait plus.

Lafontaine.

LÉS TROIS AUVÈRGNATS

Il était une fois **trois Auvèrgn**ats, scieurs de **bois**, qui ne savaient que faire ūn dimānche qu'il pleuvait. A la fīn, l'ūn d'**eux** eut une idée.

— Voulèz-vous que nous fassions dés souhaits ? dit-il ; si **c**ela ne sèrt à riēn, cela fait pâssér le temps.

— **C'**èst cela, fai[e]sons dés souhaits, dirent lés **a**utres. Commēnce, **c'**èst toi qui **à**s parlé le premiér. — **É**h biēn dōnc, dit-il, je souhaite vingt mille boeufs, — at...tēndéz ! — **é**t que chaque poil de **cés** boeufs soit ūn **ch**êne, **é**t qu'avèc **cés ch**ênes on fasse dés plānches, **é**t qu'avèc **cés** plānches on fasse dés **c**aisses pour mèttre tout l'or, tout l'argēnt, tous **lés** diamānts **é**t tous **lés** bijoux du mōnde pour moi !

— Je suis surpris que tu ne veuilles que ça, **mais c**ependānt tu ne **l**aisses pâs grānd'chōse à ton prochaīn, toi, dit le d**eux**ième. **É**h biēn, moi, je souhaite après cela que toutes **lés** petites sources qui vōnt dāns **lés** petits ruisseaux, **é**t que tous **lés** petits ruisseaux qui vont dāns **lés** rivières, **é**t que toutes **lés** petites rivières qui vōnt dāns **lés** fleuves, **é**t que tous **lés** fleuves qui vōnt dāns la mèr soient de l'ēncre ! **é**t puis qu'avèc toute **c**ètte ēncre **é**t avèc tout **c**e papiér on fasse quoi ?... de bons billèts de bānque pour tout l'or, tout l'argēnt, tous **lés** bijoux **é**t tous **lés** trésors du mōnde pour moi ! *Ha, ha, ha !* je cr**ois** que **c**e n'èst pâs mal souhaité nōn plus, cela, hein ?

— **É**h biēn, je suis cōntènt que vous soyéz satisfaits de si p**eu**, dit le tr**ois**ième. Moi je souhaite que toi, tu sois mōn père, **é**t que toi, tu sois mōn ōncle, que vous n'**ay**éz poīnt d'autre héritiér que moi, **é**t que le diable **v**ous ēmporte tous **lés** d**eux**. — Édouard Laboula*y*e.

ŪN **ÉXAMĒN**

C'était durānt l'été de 1793. Une nōmbr**euse é**t florissānte jeunèsse se prèssait, à **Ch**âlōns-sur-Marne, dāns une dés sal**l**es de l'École d'arti**ll**erie. Le **c**élèbre Laplace y fai[e]-

sait, au nom du gouvèrnemènt, l'éxamèn de cènt quatre-vïngts cāndidats **au** grade d'élève sous-lieutenant. La porte s'oùvre. On voit èntrér une sorte de paysàn, petit de tàille, l'**air** ïngénu, de gròs souliérs **aux** piéds, ét ūn bâton à la màin.

Un rire univèrsèl accueille le nouvèau venu. L'éxamina-tEur lui fait remarquér **ce** qu'il crut être une méprise ; ét sur sa répönse qu'il vïent subir l'éxamèn, il lui pèrmèt de s'asseoir. On attendait avèc impatience le tour du petit paysàn. Il vïent enfin. Dès lés prèmières quèstions, Laplace reconnàit une fèrmeté d'èsprit qui le surprènd. Il pousse l'éxamèn **au** delà de sés limites naturèlles : lés répönses sönt toujours claires, précises, marquées **au** coin d'une ïntèlligènce qui sait ét qui sènt. Laplace èst touché ; il ëmbrasse le jEune homme ét lui annonce qu'il èst le pre-miér de la promotion : l'École se lève tout èntière, ét accom-pagne en triomphe dans la ville le fils du boulāngér de Nāncy, le général Drouot.

Vïngt āns après, Laplace disait à l'EmpErEur : « Un dés plus beaux éxamēns que j'aie vu pàssér dans ma vie èst celui de votre **aide** de càmp, le jEune Drouot. — Lacordaire.

LA RÉPUBLIQUE NOUVÈLLE

Après la conclusiön de l'armistice, l'insurrèction de la Commune éclate à Paris (mars 1871). Èlle èst réprimée **au** mois de **mai 1871**.

L'Assèmblée nationale avait élu M. Thièrs présidènt de la République. Le gouvèrnemènt de M. Thièrs négocie dés ëmprūnts pour payér l'ïndemnité de guèrre, paye cètte ïndemnité, ét obtient ainsi la libérätion de nötre tèrritoire occupé par lés Allemānds. M. Thièrs étant en désaccord avèc la majorité de l'Assèmblée, donne sa démission. Il èst rèmplacé par le maréchal de Mac-Mahon (**mai 1873**).

Sous la présidènce du maréchal èst votée la constitution de 1875, qui donne le pouvoir éxécutif à ūn présidènt de la République élu pour sèpt āns ét le pouvoir législatif à ūn Sénat ét à une **Chāmbre** dés députés. Le maréchal de Mac-

Mahŏn, étānt ēn désaccord avèc la **Chā**mbre dés députés, la dissout avèc l'approbâtiōn du Sénat (1877). Lés élèctiōns donnent une majorité républicaine plus nōmbreuse.

Le maréchal de Mac-Mahōn se démèt de la présidēnce de la République. M. Jules Grévy èst élu à sa place par la **Chā**mbre ét par le Sénat réunis ēn Assemblée nationale (jānviér 1879).

Ēn 1880, la Frānce combat une ınsurrèction ēn Algérie ; èlle ïmpòse à la Tunisie sōn protèctorat (**mai** 1881).

M. Grévy, réélu ēn 1886, donne sa démissiōn ēn décēmbre 1887. M. Carnot lui succède ét garde la présidēnce pēndānt sèpt années (1887-1894). **Au mois** de juīn 1894 il èst assassiné. M. Casimir-Périér ne fAıt que pâssér **au** pouvoır, ét le 17 jānviér 1895, M. Félix FAure le rēmplace. A sa mort, ēn févriér 1889, M. Loubét èst élu présidēnt de la République, ét, ēn 1906, M. Fallières lui succède.

Ēn 1906 ōn décida définitivemēnt lés relatiōns ēntre l'Église ét le gouvèrnemēnt, quèstiōn qui av**ait** beaucoup ïntéréssé le pEuple frānçais. Maīntenānt toutes lés sèctes sont ïndépēndāntes ét ōnt dés droıts égaux.

Depuis 1870, la Frānce a réparé sés désastres ét èlle a repris le rāng qu'èlle occupait ēn Europe ; de sōlides alliānces lui pèrmèttent d'ēnvisagér l'avenir avèc cōnfiānce. La République a accómpli d'utiles réformes qui serōnt sa gloıre ; ēntre **autres** l'ınstructiōn ét le sèrvice militaire obligatoıres. Lés sciences pratiques, la médecine, ōnt fAıt d'immēnses progrès. Dés découvèrtes d'ūn prix inèstimable pèrmèttent de cōmbattre avèc succès dés **maux** qu'ōn cōnsidérait comme ïncurables. Notre littérature cōntinue d'éxèrcér sōn ïnfluēncè sur l'Europe. De nōmbr**eux** monumēnts ōnt été cōnstruits ét lés progrès matérièls se sōnt développés. Pēndānt **cés** dèrnières années, la Frānce a accru cōnsidérablemēnt son domaine colonial. Ēn Asie, le Tōnkīn a été cōnquis ; ēn Afrique, le Soudān, le Cōngo, le Dahomey, Madagascar promèttent d'utiles débouchés à notre commèrce. — Freè[i]man M. Josselȳn & Raymōnd Talbot.

La Rochelle, Imprimerie Nouvelle Noël Texier.

LIVRE

DE

LECTURE PHONÉTICO-ORTHOGRAPHIQUE

DEUXIÈME PARTIE

LÉS VICES DU CAPITAINE

I

Peu īmporte le nōm de la petite *ville* de provīnce où le capitaine Mèrcadiér — trēnte-six āns de sèrvices, vīngt-deux cāmpagnes, **trois** blèssures — se retira quānd[t]il fut mis à la retraite.

Èlle était *pareil*le à toutes lés petites *villes* qui *sollicitent*, sāns l'ob[p]tenir, ūn ēmbrānchemēnt de **che**mīn de fér, comme si **c**e n'était pâs l'unique distractiōn dés īndigènes d'allér tous lés jours, à la même hᴇure, sur la place de la Fōntaine, voir arrivér **au** grānd galop la diligēnce, avèc sōn bruit joyᴇux de claquemēnts de fouèt ét de grelōts. **Èl** le cōmptait **trois** mille habitānts, que la statistique appelait āmbitieusemēnt dés âmes, ét tirait vanité de sōn titre de **chèf-lieu** de cāntōn. **Èl**le possédait dés rēmparts plāntés d'arbres, une jolie rivière pour pèchér à la **ligne**, ét une église de la **ch**armānte époque du gothique flāmboyānt,-

déshonorée par ūn affreux chemīn de Croix venu tout droīt du quartiér Saīnt-Sulpice. Tous lés lūndis, èlle s'émaillait dés grānds parapluies bleus ét rouges de sōn marché, ét lés gēns de la cāmpagne v venaient ēn charrèttes ét ēn bèrlīngôts ; mais, le rèste de la semaine, èlle se replongeait avèc délices dāns le silēnce ét dāns la solitude qui la rēndaient chère à sa population de petits bourgeois. Sés rues étaient pavées ēn têtes de chat ; ōn v apèrcevait, par lés fenêtres dès réz-de-chaussée, dés tableaux ēn cheveux ét dés bouquèts de mariée sous ūn vèrre, ét, par lés demi-portes dés jardīns, dés statuèttes de Napoléon ēn coquillages. La prīncipale aubèrge s'appelait naturèllemēnt « L'Ecu de Frānce » ét le receveur de l'ēnregistremēnt rimait dés acrostiches pour lés dames de la société.

Le capitaine Mèrcadiér avait choisi cètte résidēnce de retraite par la raīsōn frivole qu'il v avait autrefoīs vu le jour, ét que, dāns sa tapageuse ēnfānce, il y avait décroché lés ēnseignes ét maçonné lés boutōns de sonnèttes. Pourtānt il ne venait retrouvér là ni parēnts, ni amis, ni connaissārces, ét lés souvenirs de sōn jēune âge ne lui retraçaient que dés visages īndignés de marchānds qui lui mōntraient le poīng du seuil de lēur boutique, ūn catéchisme où ōn le menaçait de l'ēnfèr, une école où ōn lui prédisait l'échafaud, ét, ēnfīn, sōn départ pour le régimēnt, hâté par une malédictiōn patèrnélle.

Car ce n'étāit pâs ūn saīnt homme que le capitaine. Son ānciènne fēuille de punitiōn était noīre de jours de salle de police īnfligés pour actes d'īndiscipline, absēnces aux appèls ét tapages nocturnes dāns lés chāmbrées. Biēn dés foīs ōn avait dû lui arrachér sés galōns de caporal ét de sèrgēnt, ét il lui avait fallu tout le hasard ét toute la licēnce de la vie de cāmpagne pour gagnér ēnfīn sa première épaulètte. Dur ét brave soldat, il avait passé prèsque toute sa vie ēn Algérie, s'étānt ēngagé dāns le tēmps où nôs fāntassīns portaient le haut képi droīt, lés buffleteries blānches ét la grôsse gibèrne. Il avait eu Lamoricière pour commāndānt ; le duc de Nèmours, près duquèl il avait reçu sa première blèssure, l'avāit décoré ; ét quānd[t]il était sèrgĕnt-major, le père **Bugeaud** l'appelait par sŏn nŏm ét lui tirait lés oreilles. Il avait été prisonniér d'Abd-ĕl-Kadèr, portait lés traces d'ūn coup de yatagān sur la nuque, d'une balle dāns l'épaule ét d'une **autre** dans la cuisse ; ét, malgré l'ab[p]sīnthe, lés duèls, lés dèttes de **jeu** ét lés juives **aux** yeux noirs ēn amānde, il avait péniblemĕnt cŏnqúis, à la poīnte de la baīonnètte ét du sâbre, sŏn grade de capitaine **au** *1ᵉʳ* [premiér] régimĕnt de tirâillᴇᴜʀs.

Le capitaine Mèrcadiér — trĕnte-six āns de sèrvices, vīngt-d**eux** cāmpagues, trois blèssures, — venait dŏnc d'ob[p]tenir sa pĕnsiŏn de retraite, pâs tout à fait d**eux** mille frāncs qui, joīnts **aux** deux cĕnt cīnquānte frāncs de sa croix, le mèttaient dāns cèt état de misère honorable que l'État résèrve à sés ānciēns sèrviteᴜʀs.

. Son ēntrée dāns sa ville natale fut éxĕmpte de faste. Il arriva, ūn matīn, sur l'īmpériale de la diligĕnce, mâchonnānt ūn **cigare** éteīnt ét déjà lié avèc le cŏnducteᴜʀ, à qui, pĕndānt le trajèt, il avait racŏnté le pâssage dés Portes de Fèr ; pleīn dīndulgĕnce du rèste pour lés distractiŏns de son **au**ditᴇᴜʀ, qui l'īntèrrŏmpait souvĕnt par ūn blas**phè**me ou par l'épithète de « carcān » adrèssée à la jumĕnt de droite. Quānd la voiture s'arrêta, il lānça sur le trottoir sa vièille valise, maculée d'étiquèttes de **chem**īn de fèr ᴀᴜssi nŏmbreu**ses** que lés chāngemĕnts de garnisŏn de son propri(y)étaire ; ét lés oisifs d'alĕntŏur furent stupéfaits de voir ūn *homme* décoré — **chŏ**se ĕncore rare ēn provīnce — offrir le vīn blānc **au cochér** sur le cŏmptoir du prochaīn cabarèt.

Il s'īnstalla sommairemĕnt. Dāns une mᴀɪsŏn de faubourg, où mugissaient d**eux** vaches captives ét où lés poules ét lés canards pâssaient ét repâssaient sous la porte charretière, une chāmbre mᴇublée était à louér. Précédé d'une maritorne, le capitaine gravit ūn èscaliér à grŏsse rāmpe de bois, parfumé d'une forte ŏdᴇur d'étable, ét pénétra dāns une vaste pièce carrelée que tapissait ūn papiér bizarre, représĕntānt, imprimé ēn **bleu** sur fŏnd blānc ét répétée à l'īnfini, l'image de **Jŏséph** Poniatow[ou]ski à **cheval**, sautānt dāns l'Èlstèr. Cètte décorâtiŏn monotone, mais qui rappelait nŏs gloires militaires, séduisit sāns doute le capitaine, car, sāns s'īnquiétér du peu de cōnfortable dés **chaises** de paille, dés mɛubles de noyér ét du petit lit ᴀᴜx rideaux jaunis, il cōnclut sāns hésitᾶtiōn. Ūn quart d'hɛure lui suffit pour vidér sa malle, pɛndre sés habits, reléguér dāns ūn coïn sés bottes ét ornér la murᾶille d'ūn trophée cōmpōsé de trois pipes, d'ūn sᾶbre ét d'une paire de pistolᴇts. Après une visite à l'épiciér d'ɛn face, **chéz** lequèl il acheta une livre de bougies ét une bouteille de rhu[o]m, il revīnt, dépōsa son ɛmplètte sur la cheminée ét promena autour de lui le regard d'ūn homme très satisfait. Puis, avèc la prōmptitude des cāmps, il se rasa sāns miroir, brossa sa redīngote, īnclina sōn **chapeau** sur l'oreille, ét s'alla promenèr par la ville, ɛn quête d'ūn café.

II

Le séjour de l'èstaminèt était une habitude īnvétérée chéz le capitaine. Il ʏ satisfai[e]sait à la fois les trois vices égaux dāns sōn cœur : le tabac, l'aᴃ[p]sīnthe ét lés cartes. Sa vie toute ɛntière s'ʏ était écoulée, ét il ᴀᴜrait pu dressér de toutes lés villes où il avait garnisonné ūn plān par cāntines, marchānds de tabac à cōmptoir, cafés ét cèrcles militaires. Il ne se sɛntait vraimɛnt à son aise qu'une fois assis sur le velours rᾶs d'une bānquètte, devānt ūn carré de drap vèrt près duquèl s'amōncèllent lés chopes ét lés soucoupes. Sōn cigare ne lui sɛmblait bōn que s'il avait frotté l'allumètte sous le marbre de la table, ét jamais il n'avait mānqué, après avoir attaché sōn sᾶbre ét sōn képi à la patère ét s'être īnstallé ɛn lāchānt quèlques boutōns de sa tunique de poussér ūn profōnd soupir de soulagemɛnt ét de s'écri[y]ér : « Ça va miᴇux ! »

Sōn premiér soïn fut dōnc de rechèrchér l'établissemɛnt qu'il fréquɛnterait, ét, après avoir faīt ūn tour de ville sāns riɛn trouvér à sa cōnvenānce, il arrèta ɛnfīn sōn regard de connaissᴇur sur le café Prospèr, situé à l'āngle de la place du Marché ét de la rue de la Paroisse.

Ce n'était pᾶs sōn idéal. L'éxtériᴇur offrait biɛn quèlques détails par trop provīnciaux : ce garçōn ɛn tabli[y]ér noir, par éxɛmple, ét cés petits ifs dāns lᴇurs caisses vèrtes, ét cés tabourèts, ét cés tables de bois recouvèrtes de toile cirée. Mais l'intériɛur plut au capitaine. Il fut réjoui, dès sōn ɛntrée, par le bruit du tīmbre que toucha la grᾶsse ét fraîche dame du cōmptoir, ɛn robe claire, avèc ūn rubān pōnceau dāns sés cheveux biēn pommadés. Il salua galammɛnt cètte pèrsonne ét jugea qu'èlle occupait, avèc une suffisānte majèsté, sa place tri[y]ōmphale entre lés deux édifices de bois à pu[ō]nch, cōngrūmɛnt couronnés par dés billes de billard. Il cōnstata que la salle était gᴀɪe, propre, également semée de sᴧble jaune ; il ɛn fit le tour, se regarda pᾶssèr dāns lés glaces, apprécia lés panneaux où dés mousquetaires ét dés amazones sᴧblaient le chᾶmpagne dāns dés ᴘᴀʏsages pleīns de rōses trémières, se fit sèrvir, fuma, trouva le divān mœlleux ét l'ab[p]sɪnthe savoureuse, ét fut asséz īndulgɛnt pour ne pᾶs se plaɪndre dés mouches qui se baignaient dāns lés cōnsommᾶtiōns avèc une familiarité toute cᾶmpagnarde.

Huit jours après, il étaɪt devenu ūn piliér du café Prospèr.

On ʏ connut biēn vite sés habitudes ponctuèlles, on prévīnt sés désirs, ét il ne tarda poīnt à prɛndre sés repᾶs avèc lés patrōns du lieu. Recrue précieuse pour lés habitués, gɛns tèrrassés par le tèrrible ōnnui de la provɪncɛ ét pour qui l'arrivée de ce nouveau venu, passé maître à tous lés jeux ét racōntānt asséz gᴀɪemɛnt sés guèrres ét sés amours, était une véritable bonne fortune ; le capitaine fut lui-même ɛnchānté de rēncōntrér dès humaɪns ɛncore ignorānts de sōn répèrtoire. Il ɛn avait donc pour six mois à dire sés razzias, sés chasses, sés batᾶilles, la retraite de Cōnstāntine, la capture de Bou-Maza, ét lés réceptions d'officiérs avèc leur total éffrāyānt de pu[o]nchs au kirsch.

Faiblèsse humaine ! il n'étaɪt pᾶs fâché d'être ūn orᾶcle quèlque part, lui dōnt lés petits sous-lieutenānts, arrivant de Saīnt-Cʏr, fu[ɪ]yaient naguère lés trop lōnguɛs histoires.

Sés auditɛurs ordinaires étaient le maître du café, grᴏs sac à bière silēncieux ét stupide, toujours ɛn mānches de vèste ét remarquable sɛulemɛnt par sés pipes à sujèts ;

l'*huissiér*-*priseur*, pèrsonna**ge** goguenard **é***t* vétu de noir, méprisé pour son *habitude* p**eu** élégānte d'ēmportér le r**è**ste de sōn sucre ; le rec**eveur** de l'ēnregistrement — **c**elui dés acrost**iches** — ètre très doux **é***t* d'une cōnstitutiōn faible, qui ēnvoy**ait** **aux** journ**aux** illustrés la solutīon dés mô*ts* carrés **è***t* dés rébus ; **é***t* ēnfīn le vétérin**aire** du cāntōn, le seul qui, ēn sa qualité d'athée **é***t* de démocrate, se pèrmit quèlquefois de cōntredire le c**a**p*it*aine. **C**e pratici**ē**n, *homme* à favoris touffus **é***t* à pīnce-néz, présid**ait** le comité radical **aux** époques d'élèctiōns, **é***t*, lorsque le curé f*ai*[e]-**sait** une petite *collècte* parmi sés dévotes pour ornér son église de quèlque *horrible* statue ēn plâtre doré **é***t* ēnlu-miné, dénōnç**ait** par une lè*ttre* **au** « Sièc*le* » la cupidité dés *fils* de *L*oyola.

Le c**a**p*it*aine étānt ūn soir sorti pour allér **chèrchér** dés *cigares*, après une discussiōn politique asséz vive, le susd*it* vétérin**aire** grommela quèlques **phrâ**ses sourdes **é***t* irritées où il était quèstiōn de « dire sōn fait », de « tr**aî**neur de s**â**bre » **é***t* de « coupér la figure ». **M**ais l'objè*t* de c**é**s mena-ces *vagues* etān*t* rēntré soudaīn, ēn sif*f*lānt une **marche** **é***t* ēn f*ai*[e]sān*t* le moulinè*t* avèc sa canne, l'īncidēn*t* n'eu*t* p**â**ç de *suites*.

En somme, le grou*pe* viv**ait** ēn bonne īntèlligēn*ce* **é***t* se laiss**ait** volōntiérs présid**è**r par le nouvél *habitué*, dōnt la tête martiale **é***t* la barbiche blānche étaient vraimēnt asséz īmpō santes ; **é***t* la petite *ville*, qui éta*it* déjà fière de biēn dés **chô**ses, pouv**ait** l'ètre aussi de sōn c**a**p*it*aine ēn retra*ite*.

III

Le bon*heur* parf**ait** n'èxiste p**â**s, **é***t* le capitaine Mèrcadiér, qui croy**ait** l'avoir rēncōntré **au** café Prospèr du*t* biēntôt revenir de **cètte** illusiōn.

Le f**ait** ès*t* que le lūndi, jour du mar**ché**, l'éstaminè*t* n'était p**â**s tenable.

Dès l'**au**be, il était ēnvahi par lés mara**î**chérs, lés fèr-miérs, lés mar**ch**ānds de co**ch**ōns, lés mar**ch**ānds de vo-lâil*les* ; gēns à grôsse voix, à grôs cous *rouges*, à grôs fouè*t* à la maīn, portānt la blouse neuve **é***t* la casquètte de loutre, cõncluãnt ʟᴇᴜrs affaires autour d'ũn litre, tapãnt du piéd, frappãnt du poĩng, tutoyãnt le garçõn ét crevãnt le billard.

Quãnd le capitaine arrivait à õnze ʜᴇᴜres pour ab[p]sorbér sa première ab[p]sĩnthe, il trouvait tout ce mõnde déjà gris ét commãndãnt dés déjᴇunérs cõnsidérables. Sa place ordinaire était prise, õn le sèrvait lĩntemĩnt él mal. Le tĩmbre du cõmptoir ne cèssait de retĩntir ; le patrõn ét le garçõn, la sèrviètte sous le bras, couraient affolés. Brèf, c'était ũn jour néfaste ét qui boulevèrsait son éxistᴇnce.

Or, ũn lũndi matĩn qu'il était rèsté chéz lui, sûr d'avãnce que le café serait trop bru.i)yãnt ét trop ᴇncõmbré, ũn doux rayõn de soleil d'automne l'ᴇngagea à dèscᴇndre s'asseoir sur le bãnc de pièrre placé à côté de la porte de la ᴍᴀɪsõn. Il était là, asséz mélãncolique ét fumãnt ũn cigare humide, quãnd[t] il vit venir du bout de la rue — c'était une ruèlle mal pavée, ét aboutissãnt à la cãmpagne — une demi-douzaine d'oies, que chassait devãnt èlle avèc une gaule une petite fille de huit ou dix ãns.

Le capitaine, ᴇn arrètãnt sõn regard distrait sur cètte ᴇnfãnt, s'apèrçut qu'èlle avait une jãmbe de bois.

Il n'y avait riᴇn de patèrnèl dãns le cœur de ce soudard. C'étᴀɪt celui d'ũn célibataire ᴇndurci. Lorsque jadis, dãns lés rues d'Algér, lés petits mᴇndiãnts arabes le poursuivaıent de ʟᴇᴜrs pri(y)ères importunes, le capitaine lés avait souvᴇnt chassés d'ũn coup de cravache ; ét lés rares fois qu'il avait pénétré dãns le ménage nomade d'ũn camarade marié ét père de familʟe, il était parti ᴇn maugréãnt cõntre les bãmbĩns cri(y)ards ét malpropres qui avaıent touché avèc ʟᴇᴜrs maĩns grâsses aux dorures de son uniforme.

Mais la vue de cètte ĩnfirmité particulière, qui lui rappelait le douloureux spèctacle dés blèssures ét dés ãmputatiõns, émut cepᴇndãnt le vieux soldat. Il éprouva prèsque ũn sèrremᴇnt de cœur devãnt cètte chétive créature, à peine vêtue d'ũn jupõn ᴇn loques ét d'une ᴍᴀᴜvaise chemise, ét qui courait bravemᴇnt dèrrière sés ᴏɪᴇs, sõn piéd nu dãns la poussière, ᴇn boîtãnt sur sõn pilõn mal équarri.

Lés volâilles, reconnaissãnt ʟᴇᴜr domicile, ᴇntrèrent dãns la cour de la laiterie, ét la petite se dispôsait à lés suivre quãnd le capitaine l'arrêta par cètte quèstiõn :

— Éh! fillètte, commēnt t'appèlles-tu?

— Pièrrètte, mon[e]sieur pour vous sèrvir, répōndit-èlle en fixānt sur lui sés grānds yeux noirs, ét ēn écartānt de sōn frōnt sa **chevelure** ēn désordre.

— Tu ès dōnc de la maisōn. Je ne t'avais pâs ēncore vue.

— Oui-da, ét je vous **connais** biēn, alléz! Car je **couche** sous l'èscaliér, ét vous me réveillēz, ēn rēntrānt, tous lés soirs.

— Vraimēnt, petiote? Éh biēn! ōn marchera sur sés poīntes, à l'avenir. Ét quèl âge âs-tu?

— NEuf[v] āns, mon[e]sieur, viènne la Toussaīnt.

— La patronne d'ici èst-èlle ta parēnte?

— Nōn, mon[e]sieur, je suis ēn sèrvice.

— Ōn te donne?...

— La soupe ét le lit sous l'èscaliér.

— Ét qu'èst-ce qui t'a arrāngée comme cela, ma **pauvre** petite?

— Un coup de piéd de vache, quānd j'avais cīnq āns.

— Âs-tu tōn père ét ta mère?

L'ēnfānt rougit sous sōn **châle**.

— Je sors dés Ēnfānts-Trouvés, dit-èlle d'une voix brève.

Puis, āyānt **gauche**mēnt salué, èlle rēntra dāns la maisōn, **clau**dicānt; ét le capitaine ēntēndit s'éloignér, sur le pavé de la cour, le bruit sèc de la petite jāmbe de bois.

— Nōm de nōm! sōngea-t-il ēn reprenānt ma**ch**inalemēnt le **chemī**n du café, voilà qui n'èst pâs réglemēntaire. Ūn soldat, du moīns, ōn le flānque aux Invalides, avèc l'argēnt de sa médâille pour s'achetér du tabac. Ūn officiér, ōn lui colle une pèrcèptiōn, ét il se marie dāns sa provīnce. Mais, à cètte gamine, une par**eille** infirmité! Voilà qui n'èst pâs réglemēntaire.

Ayānt cōnstaté ēn **cés** tèrmes l'īnjustice de la dèstinée, le capitaine vīnt jusqu'au seuil de sōn **chèr** café; **mais** il y apèrçut une tèlle cohue de blouses bl**eues**, il y ēntēndit ūn tèl brou**ha**ha de grôs rires ét de carāmbolages, qu'il rēntra **chéz** lui, pleīn d'hum**Eu**r.

Sa **chā**mbre — c'était pEut-être la première fois qu'il y pāssait plusiEurs hEures de la journée — lui parut sordide. Lés rid**eaux** du lit avai**ent** le tōn d'une pipe culottée, le foyér était jönché de crachats ét de bouts de cigares, ét on aurait pu écrire sön nöm däns la poussière qui revètait tous lés meubles.

Il cöntémpla quèlque témps lés murâilles où le sublime länciér de Leipsick trouvait cent fois ün glorieux trépäs ; puis, pour se désénnu[i]yér, il pässa en revue sa garde-robe. Ce fut une lamöntable série de poches pèrcées, de chaussèttes à jour, de chemises säns boulon.

— Il me faudrait une sèrvänte ! se dit-il.

Puis il songea à la petite boiteuse.

— Voilà. Je louerais le cabinèt voisin : L'hivèr viönt ét la petite doit gelér sous l'èscaliér. Èlle surveillerait més vêtemönts, mön linge, nèttoierait le casèrnemönt. Ün brosseur, quoi !

Mais ün nuage assömbrit ce tableau cönfortable. Le capitaine se souvenait que l'échéänce de sön trimèstre était öncore lointaine, ét que sa note prenait dés proportiöns inquiétäntes au café Prospèr.

— Pâs asséz riche ! rêvait-il en monologuänt. Ét cependänt ön me vole là-bâs, c'est pösitif. La pönsion èst beaucoup trop coöteuse ; ét ce barbu de vétérinaire joue comme feu Bésigue. Voilä huit jours que je paie sa consommatiön. Qui sait? je ferais peut-être mieux de chargér la petite de l'ordinaire. La soupe ou café le matin, le pot-au-feu à midi ét ün rata tous lés soirs. Lés vivres de cämpagne, önfin. Ça me connait.

Décidémönt, il était tönté. Ën sortänt, il vit justemönt la maîtrèsse de la maisön, grösse paysannr brutale, ét la petite invalide, qui, toutes deux, la fourche à la main remuaient le fumiér däns la cour...

— Sait-èlle coudre, savonnér, faire la soupe? demända-t-il brusquemönt.

— Qui ? Piérrètte ? Pourquoi dönc ?

— Sait-èlle ün peu de tout cela ?

— Dame ! èlle sort de l'hospice où l'ön apprönd à se sèrvir soi-même.

— Dis-moi, fillètte, ajouta le capitaine en s'adrèssänt à l'önfänt, je ne te fais pâs peur ! Nön, n'èst-ce pâs? Ét vous, la mère, vouléz-vous me la **cédé**r ? J'ai besoïn d'une domèstique.

— Si vous vous **chargéz** dc son ēntretiēn.

— Alors **c'èst** dit. Voilà vīngt frāncs. Qu'èl**le ait, ce** soir, une robe **ét ūn** souliér ! Demaïn nous arrāngerōns le rèste.

Ét, après avoir donné une petite tape amicale sur la joue de Pièrrètte, le capitaine s'éloigna, ēnchānté de **ce** qu'il venait de cōnclure.

— Il **fau**dra **peu**t-ètre **rognér** quèlques bocks, **ét** quèlques ab[p]sinthes, pēnsait-il, **ét** se méfiér du bésigue du vétérinaire. **Mais** il n'y a p**âs** à dire, **ce** sera biēn plus réglemēntaire.

IV

— Capitaine, vous ètes ūn lāch**eu**r !

Tèlle fut l'apostrophe dōnt lés cariatides du café Prospér saluèrent désormais lés ēntrées du capit**aine**, de jour ēn jour plus rares.

Car le **pauvr**e homme n'avait p**âs** prévu toutes lés cōnséquēnces de sa bonne actiōn. La **supprès**siōn de l'ab[p]sīnthe matinale avait suffi à couvrir lés modèstes **frais** de l'ēntretiēn de Pièrrètte ; **mais** cōmbiēn n'avait-il p**âs** fallu d'**au**tres réformes pour parér **aux** dépēnses īmprévues de sōn ménage de garçōn. **Pleine** de reconnaissānce, la petite fille voulait la prouvér par sōn zèle. Déjà la **chā**mbre avait **chā**ngé d'aspèct. **Lés** **meu**bles étaient rāngés **ét** astiqués, le foyér décōnt, le carreau vèrni, **ét** lés **araignées** ne filaient plus l**eu**rs toiles sur lés morts de Poniatow[ou]ski placées dāns lés coïns. Quànd le capit**aine** revenait, la soupe **aux choux** l'īnvitait par sōn parfūm dès l'èscaliér, **ét** la vue dés plats fumānts sur la nappe, grōssière **mais** blānche, **au**près d'une assiètte à fl**eu**rs **ét** d'ūn couvèrt reluisānt, a**chevait** de le mèttre ēn appétit. Pièrrètte profitait alors de la bonne humeur de sōn maître pour avouér quèlque secrète āmbitiōn. Il fallait dés **chenèts** pour la **che**minée où èlle fai[e]sait maïntenānt du feu, ūn moule pour les gâte**aux** qu'èlle réussirait si biēn. **Ét** le capit**aine**,

que la demānde de l'ēnfānt fai[e]sait sourire ēt qui se sēn-
tait doucement **gagnér** par lés voluptés du « at hōme »,
promèttait d'y pēnsér, ēt le lōndemaīn rēmplaçait sēs
lōndrès par dés cigares d'ūn sou, *hésitait* devant l'offre de
cinq points d'écarté, ou se refu**sait** sōn troisième bock ou
sōn sec[g]ōnd vèrre de **chartreus**e.

Cèrtes, la lutte fut lōngue ; èlle fut cruèlle. Biēn dé**s**
fois, vèrs l'heure d'ūn apéritif īntèrdit par l'économie,
quānd la soif lui sé**chait** la gorge, le capitaine dut faire ūn
éffort héroïque pour retirér sa maīn, déjà pōsée sur le bēc
de cane de l'èstaminèt ; biēn dés fois, il èrra ēn rēvānt de
roi retourné ēt de quīnte. **Mais** prèsque toujours, il rēntrait
coura**geuse**mēnt **ché**z lui ; ēt comme il ᴀɪm**ait** davāntage
Pièrrètte à **cha**que sacrifice qu'il lui fai[e]**sait**, il l'ēmbras-
sait. **Ce** n'était plus sa sèrvānte. Une fois qu'èlle se tenait
deboul près de la table, l'appelānt : « Mon[e]sieur ! » ēt
toute rèspèctu**euse**, il n'y put tenir, il lui prit lés **deux**
maīns ēt lui dit avèc fureur :

— Ēmbrasse-moi d'abord, ēt puis assiéds-toi ēt fais-moi
le plaisir de me tutoyér, mille tonnèrres !

Aujourd'hui c'èst fini. La rēncōntre d'ūne ēnfānt a **sauv**é
cèt homme d'une vièillèsse **ignominieuse**. Il a substitué à
sés vi**eux** vices une jᴇune p**ᴀ**ssiōn. Il adore ce petit ètre in-
firme qui sau**tille** ᴀutour de lui, dāns la **ch**āmbre commode
ēt biēn mᴇublée.

Déjà il a appris à lire à Pièrrètte, ēt voici que, se rappe-
lānt sa **calligraphie** de sèrgēnt-major, il lui trace dés
éxēmples d'écriture ; sa plus grānde joie, c'èst lorsque l'ēnfānt, attēntive devānt sōn papiér ēt fai[e]sānt parfois ūn
pâté qu'èlle ēnlève vivemēnt avèc sa lāngue, èst parvenue à
copiér toutes lés lèttres d'ūn īntèrminable advèrbe en
« mēnt. » **Son** īnquiétude, c'èst de songér qu'il deviēnt
vieux ēt qu'il n'a riēn à **laissér** à son adoptée.

Aussi voilà qu'il **èst** prèsque avare ; il thé**saurise**, il v**eut**
se sevrér de tabac, biēn que Pièrrètte lui bourre sa pipe ēt
la lui allume. Il cōmpte épar**gnér** sur sōn fᴀɪble revenu de
quoi achetér plus tard ūn petit fōnds de mèrcerie. C'èst là
que, lorsqu'il sera mort, èlle vivra ob[p]scure ēt **paisible**,
gardānt aecro**chée** quèlque part, dāns l'arrière-boutique,

une vièille croix d'honnEur qui la fera se souvenir du capitaine.

Tous lés jours, il va se promenér avèc èlle sur le rempart.
Quèlquefois pâssent par là dés gēns étrāngérs à la ville,
qui jèttent ūn regard de cōmpâssiōn surprise sur ce viéux
soldat épargné par la guèrre ét sur cètte pauvre ēnfānt
èstropiée ; ét alors il se sēnt attēndrir — ôh ! délicieuse-
mēnt, jusqu'aux larmes, — quānd[t] ūn de cés pâssānts
murmure ēn s'éloignānt : — Pauvre père ! sa fille èst pourtānt jolie !

Frānçois Coppée.

LA SAĪNT-NICOLÂS

— Mon[e]sieur le sous-dirèctEur pEut-il recevoir Mme
[Madame] Blouèt ? demānde le garçon de bureau ēntr'ou-
vrānt discrètemēnt l'ūn dés battānts de la porte du cabinèt.

Le cabinèt sous-dirèctorial èst une pièce spacieuse,
haute de plafōnd, sévère d'aspèct, avèc sés deux fenètres
garnies de rideaux de damâs vèrt, sōn papiér de tēnture
ét sés fautEuils de drap du même tōn, sés cartonniérs ét
sa bibliothèque d'acajou. Le parquèt soigneusemēnt ciré
reflète comme ūn miroir la froide symétrie de ce mobiliér
administratif, ét la glace de la cheminée rēnvoie avèc la
même corrècte fidélité l'image d'une pēndule-borne de marbre noir, accostée de deux lāmpes de brōnze ét de deux
flāmbeaux dorés. Tournānt le dôs à la cheminèe, le sous-
dirèctEur, Hubèrt Boīnville, travaille pēnché sur le large
bureau d'acajou ēncōmbré de dôssiérs. Il relève sa figure
grave ét mélāncolique, ēncâdrée d'une barbe brune où brill-
lent çà ét là quèlques fils gris, ét sés yeux noirs aux paupières fatiguées laissent tōmbér ūn regard īndifférēnt sur
la carte que lui tēnd le digne ét solennèl huissiér. Sur ce
petit carré de bristol, il y a écrit à la maīn, d'une écriture
vièillotte èt trēmblée : « VEuve Blouèt. » Le nōm ne lui
apprēnd riēn, ét, tout ēn rejetānt la carte au milieu dés
dôssiers, il a ūn gèste d'īmpatiēnce.

— C'èst une vièille dame, ajoute l'huissiér, faut-il la
rēnvoyér ?

— Faites-la entrér, répond le sous-directeur d'un ton résigné.

Le garçon de bureau se redrèsse dans son habit à boutóns de métal, disparaît, puis, au bout d'un instant, introduit la solliciteuse qui, dès le seuil, ébauche une antique révérence.

Hubèrt Bomville se soulève à demi et d'un signe froidemént poli indique à la visiteuse un fauteuil où elle s'assièd après avoir renouvelé sa révérence.

C'èst une petite vièille en pauvres vétemènts noirs. La robe de mérinòs a plus d'une reprise ; èlle èst fripée et d'un tòn vèrdâtre. Un voile de crêpe défraîchi, qui a déjà dû sèrvir pour plus d'un deuil, pend misérablement de chaque côté du chapeau démodé et laisse voir, sous un tour de faux cheveux châtains, une figure rondelètte, ridée comme une reinètte d'hivèr, avèc de petits yeux vifs et une petite bouche dont lés lèvres rentrées trahissent l'absénce dés dènts.

— Mon[e]sieur, commènce-t-èlle d'une voix un peu éssoufflée, je suis fille, veuve et sœur d'employés qui ont fourni de bons et loyaux sèrvices, et j'ai adréssé une demànde de secours à la Dirèction générale... Je désirerais savoir si je puis èspérér quèlque chòse.

Le sous-dirèctèur a écouté ce début sàns sourciller. Il a entendu tànt de suppliques analogues !

— Avéz-vous déjà été secourrue, madame ? demande-t-il flègmatiquemént.

Nòn, mon[e]sieur, jusqu'à présént j'avais pu vivre sans tèndre la main... J'ai une petite pènsion et...

— Àh ! intèrrompt-il sèchement, dàns ce càs je crains bièn que nous ne puissiòns rièn pour vous... Nous avòns à soulagèr beaucoup de pèrsonnes malheureuses qui n'ònt pàs même cètte ressource d'une pènsion.

— Attèndéz, mon[e]sieur ! s'écrie-t èlle désèspérémént, je n'ai pàs tout dit.... J'avais trois garçons, ils sónt morts ; le dèrniér donnait dés leçòns de mathématiques.... L'autre hivèr, en allànt du Pànthéon au collège Chaptal, par une pluie battànte, il a attrapé un mauvais rhume qui a a tourné en fluxiòn de poitrine et qui l'a emmené en quinze jours... Nés leçŏns nous fai[e]**saient** vivre, moi ét sŏn ēnfānt, car il m'a **laissé** une petite fille. Lés **frais** de maladie ét lés frais mortuaires m'ŏnt mise à sèc. J'AI ēngagé mŏn titre de pēnsiŏn pour PAYér lés dèttes cri[y]ardes... Me voilà SEUle AU mŏnde avèc la petiote, sāns ūn **pauvre** sou, ét j'AI quatre-vīngt d**eux** āns... **C'**èst ūn grānd[t]**âge**, n'èst-ce pâs dŏnc ?

Sous lEUrs **pau**pières ridées, lés **yeux** de la vièille solliciteuse sŏnt devenus humides. Le sous-dirèctEUr l'a écoutée plus attēntivemēnt. Lés īntonàtions ūn **peu** chāntāntes ét **cèrtai**nes locutiŏns provīnciales de la vieille dame résonnent à sŏn oreille comme une musique déjà ēntēndue ét jādis familière. **Cés** façŏns de parlér ŏnt ūn goût de tèrroir qu'il croit reconnaître ét qui lui **cause** une sēnsâtiŏn sīngulière. Il sonne, demānde le dŏssiér de « la VEUVE Blouèt », ét quānd le solennèl garçŏn de burEAu pŏse, d'ūn air īmportānt, la mīnce **chemise jau**ne sur la table, Hubèrt Boīnville cŏmpulse lés **pièces** avèc ūn īntérèt visible.

— Vous êtes Lorraine, madame, reprēnd[t]-il ēn mŏntrānt à la VEUve une figure moīns fèrmée, où court ūn **faible** sourire. Je m'ēn étais douté à votre accēnt.

— Oui, mon[e]sieur, je suis de l'Argonne... Commēnt, vous avéz reconnu mŏn accēnt ? Je croy**ais** biēn l'avoir pèrdu après avoir si lŏngtēmps « valté » **aux** quatre coīns de la Frānce, comme ūn « cāmp-volānt. »

Le sous-dirèctEUr regarde avèc une cŏmpâssiŏn croissānte cètte **pau**vre VEUve d'ēmployé qu'ūn coup de vēnt a **arrach**ée de sa forèt natale, ét jetée dāns Paris comme une fEUille sèche, après l'avoir longuemēnt roulée par lés **che**mīns arides de la vie bureaucratique. Il sēnt péu à **peu** s'amollir sŏn c**œur** de fonctionnaire ét répōnd ēn souri[y]ānt de nouvEAu :

— Moi **aussi** je suis de l'Argonne, ét j'AI vécu lŏngtēmps près de votre village à Clèrmŏnt... Allŏns, madame, AYéz bŏn courage... J'èspère que nous obtiēndrŏns le secours que vous désiréz... Vous avéz donné votre adrèsse ?

— Oui, mon[e]sieur, rue de la Sānté, 12, près du couvēnt dés Capucīns.... Biēn dés mèrcis ; je m'ēn **vais** cŏntēnte de vôs bonnes paroles, ét cŏntēnte **aussi** d'avoir retrouvé ūn PAYS....

Ét la vieille dame se retire après s'être confondue en révérènces.

Dès que Mme [madame] Blouèt a disparu, le sous-dirècteur se lève ét va appuÿér son frònt à la vitre de l'une dés fenètres qui donnent sur lés jardins de l'hôtèl. Mais ce ne sont pâs lés cimes dés marronniérs à demi éffeuillés qu'il contèmple : sòn regard, devenu rêveur, s'èn va plus loin.... Très loin, là-bâs, vèrs l'Èst, au delà dés plaines ét dés collines crayeuses de la Chãmpagne, jusqu'à une vallée adòssée à une grànde forèt, avèc une modèste rivière qui roule sòn eau jaune èntre lés filès de peupli[v]érs, au piéd d'une vieille petite ville aux toits de tuiles brunes...

C'èst là qu'il a vécu ènfànt, c'èst là qu'il revenait chaque année aux vacãnces. Sòn père, grèfliér de la justice de paix, y menait la vie étroite ét sèrrée dés petits bourgeois sãns fortune. Élevé à la dure, accoutumé de bonne heure au devoir strict ét au travail acharné, Hubèrt a quitté le pays à vingt àns ét n'y èst plus guère retourné que pour suivre le cònvoi de sòn père. Doué d'une intèlligènce supériEure ét d'une volonté de fèr, ènragé travailleur, il a monté rapidemènt lés degrés de l'échelle administrative. Ètre sousdirècteur à trènte-huit àns, cela pâsse dãns le monde dés bureaux pour ûn avãncemènt èxcèptionnèl. Austère, ponctuèl, résèrvé ét poli, à cheval sur lés règlemènts, il arrive au ministère à dix heures, n'èn sort qu'à six ét èmporte du travail chèz lui. D'une nature peu èxpãnsive bièn que sènsible au fònd, il pâsse pour être très « boutonné ». Il va peu dãns le monde, ét sa vie a été tèllemènt prise par le travail qu'il n'a jamais eu le tèmps de sòngér au mariage. Sòn cœur a pourtãnt parlé une fois, dãns l'Argonne, alors qu'il avait vingt àns, mais comme il n'était qu'ûn mince surnuméraire sãns fortune, la fille qu'il aimait l'a dédaigné ét s'èst mariée richemènt avèc ûn grôs marchãnd de bois. Cètte première décèption a laissé à Boïnville une arrièreamèrtume que sés succès administratifs n'ònt jamais còmplètement corrigée. Sòn èsprit èst rèsté teinté de mélãncolie, ét, ce soir, après avoir èntèndu cètte vieille femme lui parlér de sa détrèsse avèc cèt accènt de tèrroir qu'òn n'oublie jamais, il s'èst sènti ènvahi d'une tristèsse rétrospèctive.

Le frònt pôsé còntre la vitre, il remue comme un amâs de

fEUilles mortes, lés loīntains souvenirs de jEunèsse, ēnseve-
lis proföndémēnt dāns sa mémoire, ét le parfūm dés sai-
sōns pâssées au pAYs natal lui remōntent doucement au
cèrveau.

Il reviēnt à sōn fauteuil, ét prenānt le dôssiér Blouèt,
il l'annote au crayōn de cètte mēntiōn marginale : « Situâ-
tiōn digne d'īntérêt — accordér » — puis il sonne le garçōn ét rēnvoie le dôssiér au sous-chèf chargé dés secours.

II

Le jour oū le secours fut accordé officièllement, Hubèrt
Boīnville quitta sōn bureau ūn peu plus tôt que d'habitude.
L'idée lui était venue d'allér annoncér lui-même la bonne
nouvèlle à sa vieille pAYse.

Trois cōnts frāncs, c'était une goutte d'eau à peine, tōm-
bānt du résèrvoir de l'énorme budgèt ministérièl, mais
dāns le budgèt de la vEUve cètte goutte devait se chāngér
ēn une rôsée biēnfai[e]sānte. Ēncore qu'ōn fût au com-
mēncemēnt de décēmbre, le tēmps était doux, et Boīnville
fit à piéd le lōng trajèt qui le séparait de la rue de la
Sānté. Quānd[t] il arriva à dèstinâtiōn, la nuit commēnçait
à ēnténébrér ce quartiér désèrt. A la luEur d'ūn bèc de
gâz placé près du couvēnt dés Capucīns, il apèrçut le n° 12,
au-dessus d'une porte bâtarde pèrcée dāns ūn lōng mur de
moellōns. Il n'eut qu'à poussér cètte porte ēntre-bâillée ét
se trouva dāns ūn vaste jardīn, où l'ōn distīnguait, dāns
l'ōmbre, dés cârrés de légumes, dés touffes de rôsiérs, ét
çà ét là dés silhouèttes d'arbres fruitiérs. Au fōnd, deux
ou trois poīnts lumineux éclairaient la façade d'ūn corps
de logis ēn équèrre. Le sous-dirèctEur se dirigea ēn tâton-
nānt vèrs le réz-de-chaussée ét eut la chānce de tōmbér
sur le jardiniér ēn pèrsonne, qui le guida vèrs l'èscaliér
menānt au logemēnt de la vEUve.

Après avoir trébuché deux fois sur dés marches boueu-
ses, Boīnville hEUrta à une porte, par-dessous laquèlle fil-
trait une mīnce raie de lumière ét fut tout étonné quānd,
cètte porte s'étānt ouvèrte, il vit devānt lui une jEune fille
d'une vīngtaine d'années qui se tenait sur le sEUil, levānt

sa lampe d'une main ét regardant le visiteur avéc dés yeux surpris.

C'était une jeune pèrsonne vètue de noir, à la physionomie vive ét avenänte. La lumière tombänt de *haut* éclairait à point sés **cheveux** châtains frisoltänts, sés joues rôndes à fossèttes, sa bouche souriänte ét sés yeux bleus limpides.

— Ne me suis-je pâs trompé? murmura Boinville, èst-ce biën ici que demeure Mme [madame] Blouèt?

— Oui, mon[e]si**eur**, donnéz-vous la peine d'entrér.... Grand'mère, c'èst ün mon[e]si**eur** qui te demände.

— Je viēns! répondit une **voix** grèle qui sortait d'une pièce côntigue; ét une minute après, la **vieille** dame arri**vait** ën troltinänt, avèc son tour de travèrs sous son bonnèt noir, ét ache**vänt** de dénouér lés cordons d'ün tabli[ty]ér de toile bl**eue**.

— Sainte mère de Dieu! s'écri[y]a-t-èlle, ébaubie en reconnaissant le sous-dirècteur, comment, c'èst vous mon[e]si**eur**?... Faites biën èxcuse, je ne m'attendais guère à l'*honneur* de vous voir.... Claudètte, offre donc le faut**euil** à mon[e]si**eur** le sous-dirècteur.... C'èst ma petite-fille, mon[e]si**eur**, tout ce qui me **reste au** monde.

Hubèrt Boinville s'était assis dans ün antique faut**euil** de velours d'Utrècht, ét d'ün rapide coup d'oeil il avait éxaminé la pièce qui paraissait sèrvir à la fois de salon ét de salle à mängér. — Peu de m**eu**bles, ün petit poêle de faïence blän**che** à dessus de marbre rou**ge**; à côté, une spa**cieu**se armoire de village en **chène; au** milieu, une table rônde recouvèrte de toile cirée; dés **chaises** de pai**lle**, ét **au** mur de**ux** viei**lles** lithographies coloriées de Boilly; le tout très propre ét avéc ün bôn petit **air** campa**gn**ard.

Il èxpliqua brièvement l'objèt de sa visite.

À*h*! môn brave mon[e]si**eur**, biën dés mèrcis! s'èxclama la v**eu**ve... Ôn a rai**sô**n de dire: ün bon**heur** n'arrive jamais s**eu**l... Figuréz-vous que la petiote a passé sés éxamens pour êntrér däns lés Télégrap**h**es, ét, en attendänt d'être placée, èlle fait par **ci** par là dés enluminures... **Au**jourd'hui, èlle a été p**a**yée d'une grôsse commande d'images, ét alors noûs avôns décidé que noûs fêterions ce soir la Saint-Nicolâs, comme **au** bon vie**ux** temps... Vous vous souvenéz?

— Mais. grãnd'mère. intèrrõmpit la jɛune fille ēn ri[y]änt, mon[e]sieur ne sɑil pàs ce que c'èst que la Saīnt-Nicolâs... A Paris ón ne fête pâs ce saīnt-là !

— Si fait. mon[e]sieur sɑit parfaitemēnt ce que je veux dire. — Il èst du pʌʏs, Claudètte, il èst de Clèrmõnt.

— La Saīnt-Nicolâs ! reprit le sous dirèctɛur dõnt la fiqure s'épanouil, je crois biēn ! .. C'èst ʌujourd'hui ēn éffèt le six décēmbre....

Cètte date avait allumé toute une flãmbéc de souvenirs d'ēnfãnce qui éclɑiraiᴇnt joyeusemēnt sõn cèrveau. A cètte clarté, il revit la vaste cheminéc patèrnèlle, égʌyée par lés apprèls de la fête patronale; il ēntēndil la musique sautillãnte dés violons. allãnt par lés rues chèrchér lés filles pour le bal annuèl ; ét il se rappela sés émõtiõns du lēndemain, quãnd[t]il courait piéds nus pour tâtér dãns l'ûtre sés sabôts pleïns de joujoux que saīnt Nicolâs, sur sõn âne. avait apportés nuitammēnt par la cheminée.

— Dõnc ce soir, cõntinua avèc volubilité la grãnd'mère, nous avõns résolu de ne mãngér riēn que dés plats du pʌʏs. Le jardiniér d'ēn bâs nous a donné, ēn choux, navèts ét pommes de tèrre. de quoi faire une bonne « potée » ; j'ʌɪ acheté ūn saucisson de Lorraine, ét quãnd vous êtes ēntré j'étais ēn train de préparér ūn « tôt-fait ».

Õh! ūn « tôt-fait ! » s'écria Boïnville devenu plus èxpãnsif, voilà biēn vingt äns que je n'ʌɪ ēntēndu prononcér le nõm de ce gâteau d'œufs, de lait ét de farine, ét plus longtēmps ēncore que je n'ʏ ʌɪ goûté....

Sés traits s'étaient animés, ét la jɛune fille, qui l'obsèrvait à la dérobée, crut voir pâssér une luɛur gourmãnde dãns sés yeux brūns.

Tãndis qu'il souriait, pēnsif, au souvenir de ce mèts du pʌʏs. la grãnd'mère ét Claudètte s'étaient retirées ūn peu à l'écart ét paraissaient discutér avèc vivacité une grave quèstiõn.

— Nõn, grãnd'mère, chuchotait la jɛune fille, ce serait īndiscrèt.

— Pourquoi dõnc ? murmura la vɛuve, je suis sûre que cela lui ferait plɑisir.

Ét comme il lés regardait, intrigué, la grand'mère revînt vèrs lui :

— Mon[e]sieur, commença-t-èlle, vous avéz déjà été biën bön pour nous ét si ce n'était pâs abusér, j'aurais encore une faveur à vous demandér... Il èst déjà tard ét vous avéz ûn bön bout de chemîn à faire pour allér retrouvér votre dînér.... Vous nous rèndriéz biën heureuses si vous vouliéz goûtér de notre « tôt-fait »... N'èst-ce pâs, Claudètte?

— Oui, grand'mére, seulemènt mon[e]sieur dinera mal, ét d'ailleurs il èst sans doute attèndu chez lui.

— Nön, pèrsonne ne m'attènd, répöndit Boinville en songeänt au rèstauränt où d'habitude il dînait solitairemēnt ét maussademènt, je suis libre, mais...

— Il hésitait encore, tout en regardänt lés yeux ri[y]eurs ét printaniérs de Claudètte ; puis, tout à coup, il s'écri[y]a avèc une rondeur dont il n'était pâs coutumiér :

— Éh biën ! j'accèpte sans façön ét avèc plaisir !

— A la bonne heure ! fît la vieille dame toute regaillardie... Claudètte, qu'èst-ce que je te disais?... Mèts vivemènt le couvèrt, puis tu iràs chèrchér du vîn, tandis que je retournerai à môn « tôt-fait »...

Claudètte, vive comme ûn lézard, avait ouvèrt la grände armoire. Élle en tira une nappe à liteaux rouges, puis dés sèrviètles. En ûn clin d'œil la table fut drèssée. La jeune fille alluma ûn bougeoir ét déscèndit, tandis que la veuve, assise avèc dés châtaignes dāns sön giron, lés fèndait lèntemènt ét lés étalait sur le marbre du poêle.

— N'èst-ce pâs que la petite èst prèste ét gaie? di aitèlle au sous-dirècteur.. C'èst ma cönsolâtion... Élle réjouit ma vieillèsse comme une fauvètte qui chänte sur ûn vieux toit... Ét èlle reprenait en secouänt sés châtaignes :

— Ce sera ûn maigre soupér, mais ûn soupér offèrt de bön cœur, ét puis ça vous rappèllera le pays, n'èst-ce pâs?

Claudètte était remontée rouge ét ûn peu éssoufflée ; la bonne dame apporta la « potée » fumänte ét ēmbaumée ét ön se mit à table. Entre cètte brave octogénaire tout heureuse, ét cètte jeune fille si ri[y]euse ét si naturèlle ; devänt cètte nappe qui fleurait l'iris, dāns ce milieu quasi-câmpagnard, qui lui reparlait dés choses du pâssé, Hubèrt Boïnville fît hönneur à la « potée. » Il se dégelait peu à peu ét causait familièremēnt, s'amusānt aux saillies de Claudètte ét ri[y]ānt d'ūn bōn rire ēnfāntīn aux mòts patois dōnt la grānd'mère émaillait sés phrâses. De tēmps ēn tēmps. la veuve se levait ét allait à la cuisine surveillér sōn ēntremēts. Ēnfīn èlle reparut, tri[y]omphānte, tenānt la « cocotte de fōnte, d'où s'élevait le « tôt-fait » avèc dés boursouflures brunes ét dorées ét une appétissānte ôdeur de fleur d'orāngér. Après vīnrent lés châtaignes grillées au four ét ēncore toutes craquāntes dāns leur écorce fēndillée et rissolée. La vieille dame tira du fōnd de l'armoire une bouteille de « fignolètte », cètte liqueur du pays fabriquée avèc de l'eau-de-vie ét du vīn doux ; puis, tāndis que Claudètte dèssèrvait, èlle prit machinalemēnt sōn tricot ét s'assit près du poéle, tout ēn jâsānt ; mais, sous l'īnfluēnce d'une chaleur douce, jointe à l'actiōn de la fignolètte, èlle ne tarda pâs à s'assoupir. Claudètte avait pôsé la lāmpe au milieu de la table ; Hubèrt ét la jeune fille se trouvaient aïnsi prèsque ēn tête-à-tête, ét Claudètte, naturèllemēnt gaie ét ēnjouée, défrayait quasimēnt à èlle seule la cōnvèrsātion.

Èlle aussi avait pāssé son ēnfānce ēn Argonne, près d'une vieille tānte, ét èlle rappelait à Boīnville de menus détails locaux dōnt la précisiōn le remèttait īnsēnsiblemēnt dāns le milieu provīncial d'autrefois. — Comme il fai[e]sait très chaud dāns la chāmbre. Claudètte avait ēntr'ouvèrt la croisée, ét il arrivait dés bouffées d'air frais, īmprégnées de l'ôdeur marāïchère du jardīn d'ēn bâs, où l'on ēntēndait le glouglou d'une fōntaine s'égouttānt dāns une auge de pièrre, tāndis qu'au loīn une cloche de couvēnt sonnait lēntemēnt l'Angélus.

Hubèrt Boīnville eut tout à coup une hallucinâtiōn. La « fignolètte » lorraine ét lés yeux clairs de cètte jolie fille qui évoquait pour lui lés pavsages forèstiérs de sa petite ville, y étaient pour beaucoup. Il lui sēmbla qu'il avait reculé de vīngt āns ēn arrière, ét qu'il était trānsporté dāns quèlque rustique logis de sa provīnce natale. Ce vēnt dāns lés arbres, ce frais murmure d'eau vive, c'était la voix carèssānte de l'Aire ét le frissōn dés futaies de l'Argonne ; cètte cloche qui chāntait là-bâs, c'était cèlle de l'église paroissiale du bourg fētānt la veillée de Saīnt-

Nicolâs.... Sa jeunèsse ensevelie [pēndānt vīngt āns sous lés paperasses administratives, sa jeunèsse revivait dāns toute sa vèrdeur, ét devānt lui lés yeux bleus de Claudètte ri[y]aient si īngénumēnt, avèc ūn éclat d'avril ēn fleur, que son cœur ēngourdi se réveillait ét battait ūn plaisānt tic-tac dāns sa poitrine....

La vieille dame s'était réveillée ēn sursaut ét balbutiait dés paroles d'èxcuse. Hubèrt Boīnville se leva ; il était tēmps de prēndre cōngé. Après avoir chaudemēnt remèrcié Mme[madame] Blouèt ét avoir promis de revenir, il tēndit la maīn à Claudètte. Leurs regards se rēncontrèrent ūn momēnt ét ceux du sous-dirècteur étaient si brillānts, que lés paupières de la jeune fille s'abaissèrent vivemēnt sur sés ri[y]euses prunèlles azurées. Ce fut èlle qui le reconduisit jusqu'au bās, ét quānd[t]ils furent sur le seuil, il lui sèrra ēncore une fois la maīn sāns trouvér rīēn à lui dire....

Ét cependānt il avait le cœur pleīn, le sous-dirècteur, ét quānd[t] il se retrouva seul dāns le désèrt ténébreux de la rue de la Sānté, il lui sēmbla qu'il ēntēndait chāntér dāns le cièl tous lés violōns de la Saīnt-Nicolâs.

III

Hubèrt Boīnville donnait de nouveau, comme ōn dit ēn style de bureaucratie, « une īmpulsiōn active ét éclairée au sèrvice ». La machine administrative avait recommencé à amōncelér sur la table la mouture quotidiènne dés rapports « petit ordre » ét dés rapports grānd ordre, dés léttres au ministre ét dés projèts d'arrêtés. Lés séānces de Cōnseil, lès audiènces ét lés commissiōns ne lui avaient pās laissé une heure pour allér rue de la Sānté. Pourtānt le souvenir de la soirée de la Saīnt-Nicolâs lui revenait souvēnt au milieu de sōn travail. A plusieurs reprises, il avait été distrait dāns la lècture d'ūn dôssiér par l'image rayonnānte dés beaux yeux de Claudètte. Cètte apparitiōn voltigeait sur lés paperasses comme ūn légér papillōn bleu : le soir, quānd le sous-dirècteur rēntrait dāns sōn morne appartemēnt de garçōn, èlle l'accōmgnait ét sēmblait le regardér râilleusemēnt, tāndis qu'il tisonnait sōn feu qui brûlait mal. Alors il sōngeait à ce bōn dinér dāns la petite chāmbre cāmpagnarde où le poéle rōnflait si joyeusemēnt, à ce gaɪ babil de jɛune fille qui avait ūn momēnt réssuscité lés sēnsâtions de sa vīngtième année. Dāns la régulière monotonie de sa vie affaɪrée, où lés īntimités féminines tenaient si peu de place, la soɪrée de la rue de la Sānté trānchaɪt comme une éclaircie ēnsoleillée au milieu d'une plaine brumeuse. Parfoɪs, il regardaɪt mélāncoliquemēnt dāns la glace sa barbe déjà grisonnānte ; il pēnsait à sa jɛunèsse sāns amour, à sa maturité commēnçānte, ét il se disaɪt comme le bonhomme La Fōntaine : « Aɪ-je pâssé le tēmps d'aɪmér ? » Alors, il étaɪt pris d'une nostalgie de tēndrésse qui lui méttaɪt l'èsprit ēn désarroɪ, ét il regrèttaɪt de ne s'ètre poɪnt marié.

Ūn jour, par une sōmbre après-midi de la fīn de décēmbre, le solennèl garçōn de bureau ēntrouvrit discrètemēnt la porte du cabinèt ét annōnça :

— Madame vɛuve Blouèt.

Boɪnville se leva avèc ēmprèssemēnt pour recevoir la visiteuse. Après qu'il l'ɛut faɪt asseoɪr, il lui demānda ēn rougissānt dés nouvèlles de sa petite-fille.

— Mèrci, mōn[e]sieur, répōndit-èlle, la petite va biēn, votre visite lui a porté chānce.... Èlle sollicitaɪt depuis lōngtēmps une place dāns lés Télégraphes.... Èlle a reçu hièr sa nominâtiōn ét je n'aɪ pâs voulu quittér Parɪs sāns prēndre cōngé de vous ét vous témoɪgnér toute notre reconnaissānce.

La poɪtrine deBoɪnville se sèrra. — Vous quittéz Parɪs ? demānda-t-il, ce poste èst dōnc ēn provīnce ?

— Ouɪ, dāns lés Vôsges.... Ét naturèllemēnt j'accōmpagne Claudètte.... J'aɪ quatre-vīngt-deux āns, mōn chèr mon[e]sieur ; je n'aɪ plus grānd tēmps à pâssér dāns ce mōnde ét nous ne voulōns pâs nous séparér.

— Vous partéz biēntôt ?

— Dāns la première semaine de jānviér.... Adieu, mon[e]sieur, vous avéz été très bōn pour nous, ét Claudette m'a biēn recommāndé de vous remèrciér ēn sōn nōm....

Le sous-dirèctɛur, īntèrdit ét absorbé, ne répōndait guère que par dés monosyllabes. Quānd la vieille dame fut sortie, il rèsta lōngtemps accoudé sur sōn bureau, la tète

dāns sés maīns. **Cètte** nuit-là, il dormit mal, **ét**, le lēnde-
maīn, il fut de très **maussade** *humɛur* avèc sés ēmployés.
Il ne tenait pâs ēn place. Dès **trois** hɛures, il brossa sōn
chapeau, quitta le ministère **ét sau**ta dāns une voiture qui
pâssait.

Une demi-hɛure après, il travèrsait tout frissonnänt le
jardīn maraīchér du n° 12 de la rue de la Sänté et il sonnait à la porte de *Mme*[madame] Blouèt.

Ce fut Claudètte qui vīnt lui ouvrir. A l'aspèct du sous-
dirèctɛur, èlle trèssaillit, puis devīnt toute rouge, tändis
qu'ūn sourire pâssait dāns sés **yeux** bleus.

— Gränd'mère èst sortie, dit-**elle**, **mais** èlle ne tardera
pâs à rēntrér, ét èlle sera si hɛureuse de vous voir !...

— **Ce** n'èst pâs *Mme*[madame] Blouèt que je désirais
surtout rēncōntrér, mais vous, mademoisèlle.

— Moi ? murmura-t-èlle, troublée.

— Oui, vous, répéta-t-il brusquemēnt.... Sa gorge se sèr-
rait, il **cherchait** sés mòts ét lés trouvait avèc peine : —
Vous partéz toujours ᴀᴜ **mois** de jänviér ?

Èlle répōndit par ūn signe affirmatif.

— Ne regrèttéz-vous pâs de quittér Paris ?

— Ôh ! si.... Cela me fᴀit grôs cœur.... **Mais** quoi ? **Cètte**
place èst pour nous une bonne fortune **ét** gränd'mère pourra
au moīns vivre ēn **paix** pēndänt sés dèrnières années.

— **Ét** si je vous **donnais** ūn moyēn de rèstér à Paris tout ēn
assuränt le repôs **ét** le biēn-être de *Mme*[madame] Blouét ?

— Ôh ! mon[e]siɛur ! s'èxclama la jɛune fille dōnt le
visage s'épanouit.

— **C'èst** ūn moyēn *héroique*, reprit-il ēn *hésitänt* ; vous
le trouveréz pɛut-être **au**-dessus de vôs forces.

— Je suis coura**geuse**.... Dites sɛulemēnt, mon[e]siɛur.

— **Éh** biēn ! mademoisèlle.... Il s'arrêta pour reprēndre
sa rèspirâtiōn ; puis, très vite, prèsque rudemēnt, il ajouta :
— Vouléz-vous m'épousér ?

— Mōn **Dieu** !... balbutia-t-èlle, **et** l'émôtiōn la ɪᴀissa
säns voix.

Tout ēn **èxprimänt** une violēnte surprise, sa figure n'avait
riēn d'**éffarouché**. Sa poitrine était **agitée**, sés lèvres rès-
taient ēntr'ouvèrtes, mais sés gränds **yeux** bleus *humides*
brillaient d'ūn éclat très doux !

Quänt à Boïnville, il n'**òsait** la regardér, de peur de lire
sur sés traïts ün refus humiliänt. Pourtänt, ïnquièt de sön
silënce prolöngé, säns relevér la tëte, il lui demända : —
Me trouvéz-vous trop âgé ? Vous sëmbléz tout éffrayée !..,

— **Éffrayée**, répöndit-èlle ïngénumënt, nön, **mais** troublée ét… cöntënte !… **C'èst** trop bëau… Je n'**òse pâs** y
croïre ?

— **Chère** ënfänt ! s'écria-t-il ën lui prenänt lés maïns,
croyéz-y ét croyéz que le véritable heureux, **c'èst** moi,
parce que je vous aïme !

Èlle rèstait muètte, **mais** däns le **rayonnemënt** de **sés**
yeux il y avait une tèlle éffusiön de reconnaissänce ét de
tëndrèsse qu'Hubèrt Boïnville ne pouvait plus s'y méprën-
dre. Il y lut säns doute qu'èlle **aussi** se sëntait heureuse,
ét pour lés mèmes raïsöns, car il l'attira plus près de lui.
Èlle se laïssait faïre ét Hubèrt, plus hardi, ayänt levé lés
maïns de la jeune fille à la hauteur de sés lèvres, lés baï-
sait avèc une vivacité toute juvénile.

— Saïnte mère de Di**eu** ! s'écria la vi**eille** dame qui arriva
sur **cés** ëntrefaites.

Ils se retournèrent, lui, ün **peu** cönfus ; èlle, tout ëm-
pourprée ét radi**euse**.

— Madame Blouèt, dit ënfïn gaiemënt Hubèrt Boïnville,
ne vous scändaliséz pâs ! — Le soir où j'ai dîné **chéz** vous,
Saïnt Nicolâs èst déscëndu däns ma **cheminée** comme **au**
tëmps où j'étais ënfänt, ét il m'a faït cade**au** d'une femme…
La voïci, **c'èst** votre petite-fille… Nous nous marieröns le
plus tôt possible, si vous le permëttéz.

Ändré Theurièt.

BIBLIOTHÈQUE NATIONALE — R. F.

Publications Nouvelles
pour les Ecoles

Par Louis TESSON

Le Français Fonétique, métode nouvelle pour apprendre et pour enseigner le français. . . . . Fr. **1** »

Livre de Lecture Phonético-Orthographique, 2ᵉ édit. **1.50**
— Deuxième partie. . . . . **1** »

Le Verbe l'rançais Raisonné, exposé d'une méthode tout à fait nouvelle pour apprendre et pour enseigner les verbes français **0.20**

Le Verbe Français Raisonné, méthode tout à fait nouvelle pour apprendre et pour enseigner les verbes français . : **1** »

Le Conjugateur Orthographique des Verbes Français, méthode nouvelle et facile de conjuguer les verbes français. **0.50**

L'Ami du Professeur de Français, première partie . . **0.30**
Deuxième édition. **0.50**

Le Français à l'Etranger, par P. D'Agog. Première partie, **0.30**

Pour les Etats-Unis, les prix sont de **25** *cents* et de **10** *cents*, au lieu de **1** franc et de **30** centimes.
Prix spéciaux pour les écoles et les clubs.

PUBLICATIONS TRIMESTRIELLES

Le Français Fonétique, dévoué à la propagacion de la langue française et au progrès des métodes d'enseignement, publié à Paris. Abonnement d'un an pour l'étranger . . . . Fr. **2.50**

The Phonetic French, publié à Boston, Mass.
Abonnement d'un an **2.50**

Pour toute commande de librairie, s'adresser à l'une des adresses ci-dessous :

The French American Publishing Company, 116, Chestnut avenue, Jamaica Plain, Boston, Mass. (Etats-Unis).

Ch. Amat, éditeur, 11, rue Cassette, Paris.

Noël Texier, imprimeur, 29, rue des Saintes-Claires, La Rochelle, Charente-Inférieure (France).

LA ROCHELLE, IMPRIMERIE NOUVELLE NOEL TEXIER